DINO HISTORIAS

VELOCIRAPTOR

LADRÓN VELOZ

DAVID WEST

ILUSTRADO POR JAMES FIELD

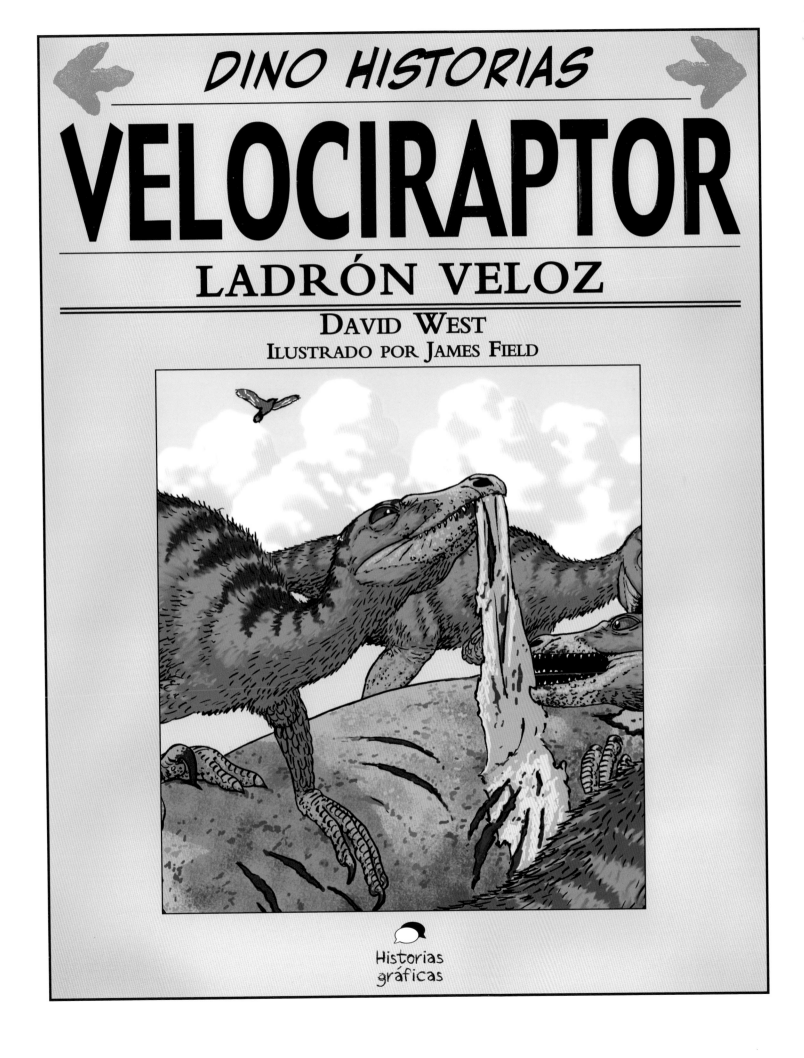

Historias gráficas

VELOCIRAPTOR. LADRÓN VELOZ

Título original: *Velociraptor. The speedy thief*

Tradujo Juan Elías Tovar de la edición original en inglés de David West, Londres

© 2008, David West Children's Books

D.R. © Editorial Océano S.L.
Milanesat 21-23, Edificio Océano
08017 Barcelona, España
www.oceano.com

D.R. © Editorial Océano de México, S.A. de C.V.
Eugenio Sue 55, Polanco Chapultepec
Miguel Hidalgo, 11560, Ciudad de México
www.oceano.mx
www.oceanotravesia.mx

Primera edición: 2009
Primera reimpresión: marzo, 2018

ISBN: 978-607-400-098-6
Depósito legal: B-5359-2018

IMPRESO EN ESPAÑA / *PRINTED IN SPAIN*

9002616020318

CONTENIDO

¿QUE ES UN VELOCIRAPTOR?

VELOCIRAPTOR SIGNIFICA LADRÓN VELOZ

Su cola larga y rígida lo ayudaba a equilibrarse.

Los ojos del velociraptor tenían visión frontal para ayudarlo a calcular las distancias cuando cazaba a su presa.

Probablemente parte de su piel estaba cubierta de plumas que lo abrigaban.

Tenía mandíbulas largas con unos 80 dientes afilados y curvos.

Sus poderosas patas le permitían alcanzar velocidades de 64 km/h.

Tenía una garra grande y afilada en cada pata. Cuando corría la alzaba del suelo para que no perdiera su filo.

Tenía manos grandes con garras afiladas para agarrar a su presa.

EL VELOCIRAPTOR VIVIÓ HACE UNOS 85 A 75 MILLONES DE AÑOS, DURANTE EL **PERIODO CRETÁCICO.** SE HAN ENCONTRADO **FÓSILES** DE SU ESQUELETO EN MONGOLIA, RUSIA Y CHINA (VER PÁGINA 30).

Un velociraptor adulto medía hasta 1,8 metros de largo y 0,62 metros de alto hasta la cadera. Pesaba alrededor de 20 kilos.

DINOSAURIOS EMPLUMADOS

Fósiles de ancestros del velociraptor muestran que tenían plumas. Algunos científicos creen que este dinosaurio estaba cubierto de plumas que lo abrigaban, como las plumas de una chaqueta acolchada o un edredón.

GARRA EN FORMA DE GANCHO

Este fósil de garra de velociraptor mide 9 cm de largo. Tiene una punta afilada pero una hoja sin filo. El velociraptor usaba sus garras como ganchos para aferrarse a su presa mientras la atacaba con los dientes. Los dientes tenían bordes **serrados**, como cuchillos para carne, para poder atravesar la piel y los músculos más fácilmente.

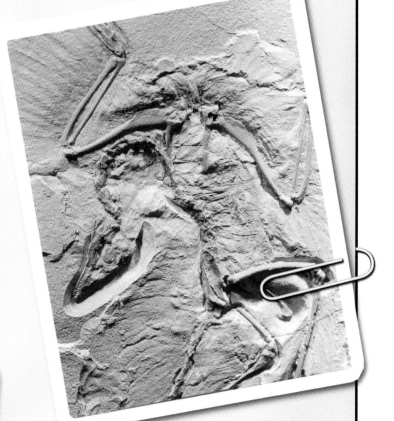

Hay algunos indicios de plumas en los fósiles de algunos dinosaurios y aves, como este Arqueópterix.

CAZADORES EN MANADA

El velociraptor probablemente vivía y cazaba en manada, como los perros salvajes africanos de hoy en día.

ANCESTROS MODERNOS

El esqueleto del velociraptor es similar al del kiwi, un ave no voladora que habita en Nueva Zelanda hoy en día. Los expertos creen que el velociraptor puede haber tenido la sangre caliente, como las aves modernas.

PRIMERA PARTE

EL INVASOR

MONGOLIA.
HACE 75 MILLONES DE AÑOS.
EL PERIODO CRETÁCICO.

UNA MANADA DE VELOCIRÁPTORES ANIDA EN UN BOSQUE A LA ORILLA DE UN DESIERTO.

ESCONDIDA EN EL BOSQUE, UNA VELOCIRAPTOR HEMBRA CUIDA SUS HUEVOS.

LOS PROTEGE DE OTROS ANIMALES QUE QUIERAN COMÉRSELOS, INCLUSO DE LOS DE SU MISMA ESPECIE.

JISSSSSSS

VE UN PEQUEÑO LAGARTO. NO HA COMIDO DESDE HACE 24 HORAS, PERO NO SE ATREVE A DEJAR SUS HUEVOS SOLOS.

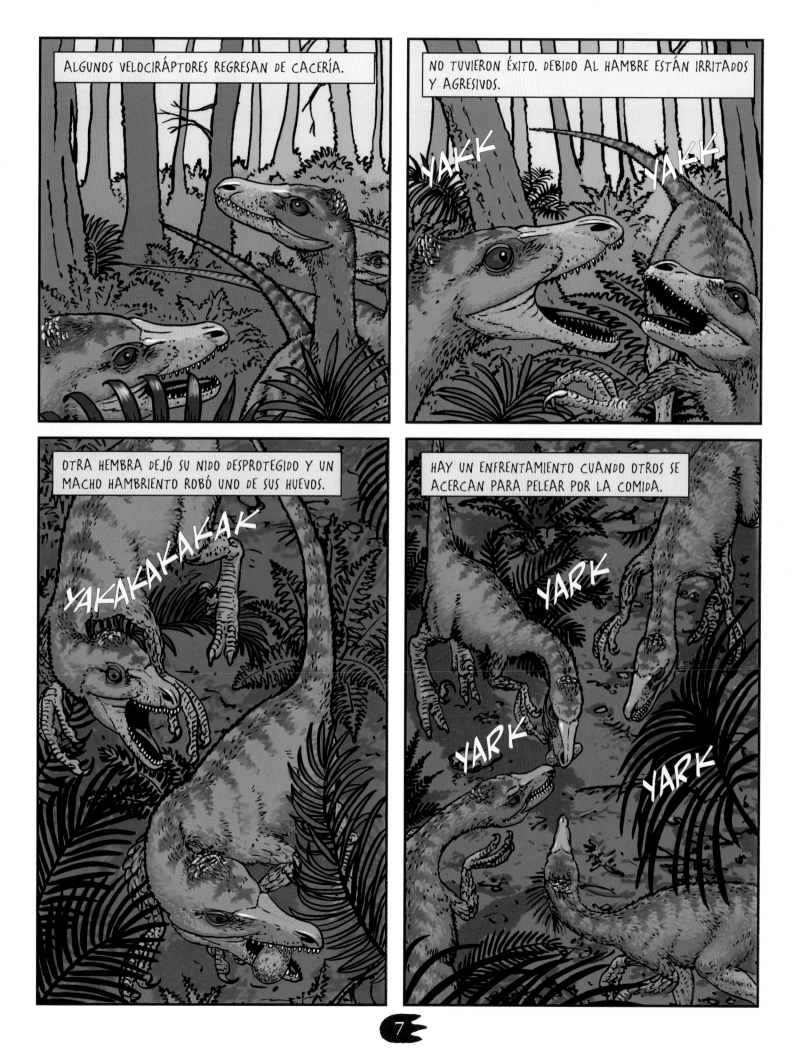

SEGUNDA PARTE

SOBREVIVIR

LOS HERMANOS YA TIENEN EDAD SUFICIENTE PARA CAZAR POR SU CUENTA. ACABAN DE VER A UN GRUPO DE CRÍAS DE MONONICO.

DEBEN SER CUIDADOSOS. AVANZAN LENTAMENTE. SI SE ACERCAN DEMASIADO LOS MONONICOS PUEDEN VERLOS Y ESCAPAR.

LOS MONONICOS SUELEN ESTAR ALERTA, PERO ESTA VEZ NO SABEN QUE LOS ESTÁN OBSERVANDO.

DE PRONTO, LOS VELOCIRÁPTORES SALEN DISPARADOS DE LA MALEZA Y TOMAN POR SORPRESA A LOS MONONICOS.

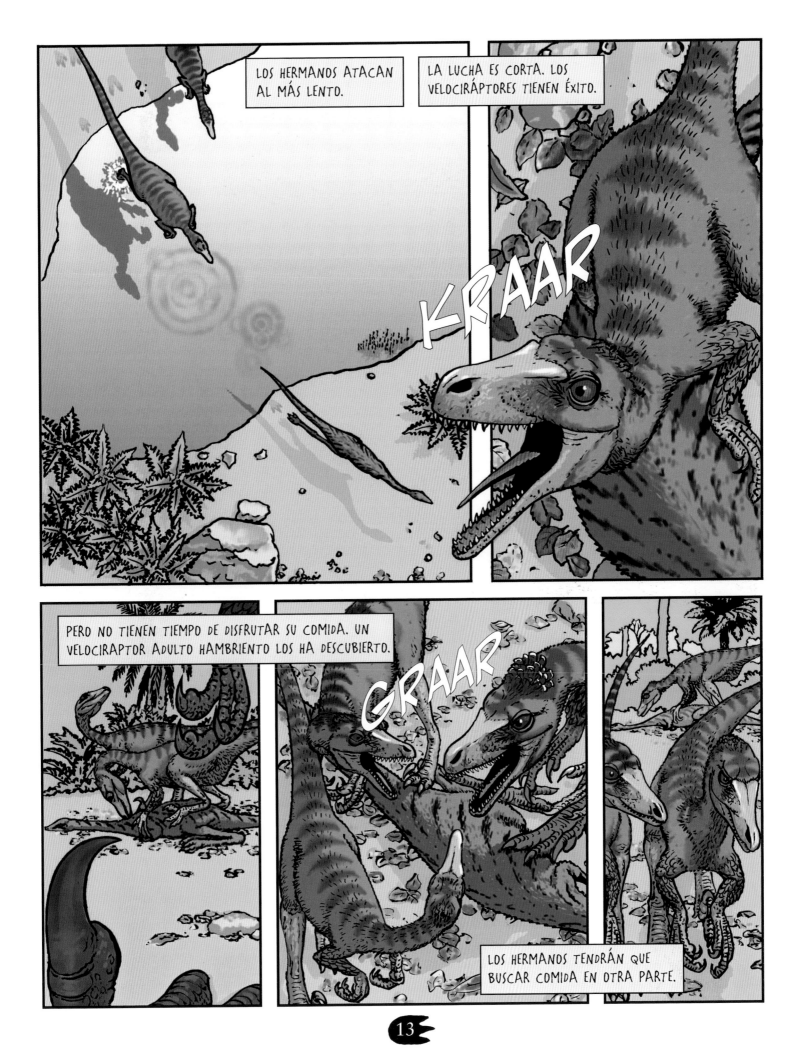

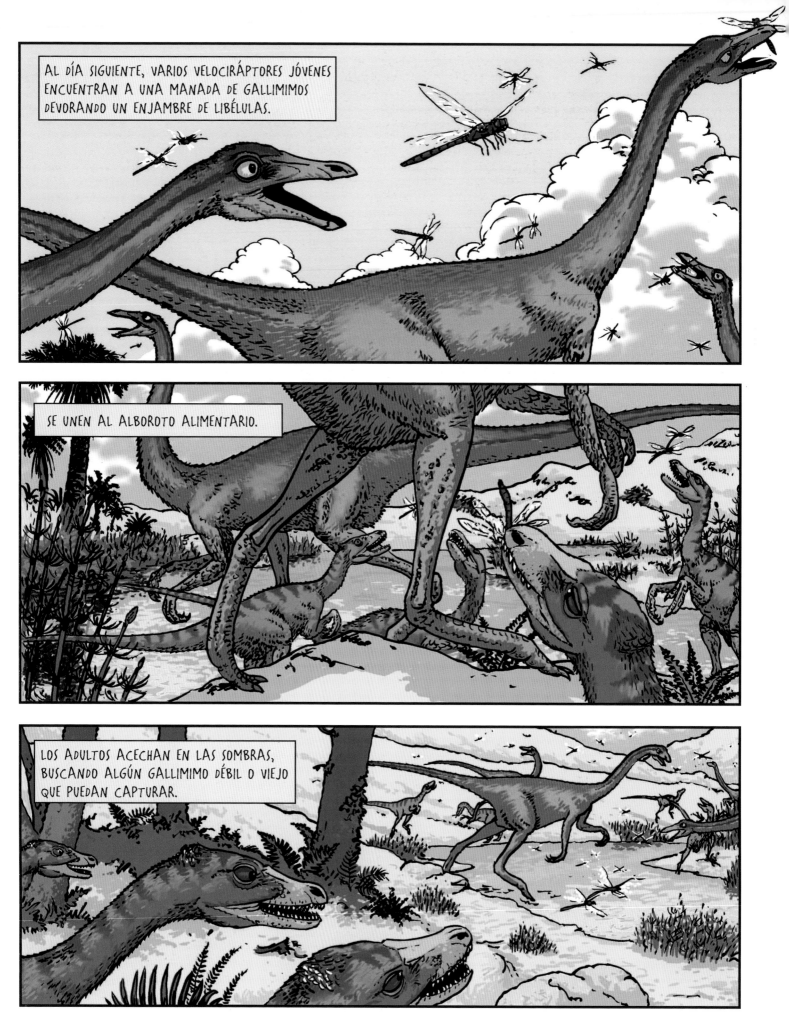

AL DÍA SIGUIENTE, VARIOS VELOCIRÁPTORES JÓVENES ENCUENTRAN A UNA MANADA DE GALLIMIMOS DEVORANDO UN ENJAMBRE DE LIBÉLULAS.

SE UNEN AL ALBOROTO ALIMENTARIO.

LOS ADULTOS ACECHAN EN LAS SOMBRAS, BUSCANDO ALGÚN GALLIMIMO DÉBIL O VIEJO QUE PUEDAN CAPTURAR.

UN GALLIMIMO CAYÓ Y SE ROMPIÓ EL CUELLO. LOS VELOCIRÁPTORES ADULTOS LO ENCUENTRAN Y SE ALIMENTAN DE SU CADÁVER.

LOS JÓVENES ESPERAN SU TURNO PACIENTEMENTE, A UNA DISTANCIA SEGURA. LOS VELOCIRÁPTORES HAMBRIENTOS SON PELIGROSOS, INCLUSO PARA LOS DE SU MISMA ESPECIE.

ROAR

PERO EL ALIORAMO OLIÓ LA SANGRE Y REGRESA EN BUSCA DEL GALLIMIMO MUERTO.

LOS VELOCIRÁPTORES SABEN QUE NUNCA PODRÍAN VENCER A ESTE FEROZ CARNÍVORO Y HUYEN.

LOS HERMANOS REGRESAN AL SITIO DONDE ESTABA EL ENJAMBRE DE LIBÉLULAS.

AHÍ, VEN A UNOS PÁJAROS COMIÉNDOSE EL CADÁVER DE UN VELOCIRAPTOR APLASTADO.

ACECHAN A LOS PÁJAROS CUIDADOSAMENTE.

UNO DE ELLOS EMBISTE A LOS PÁJAROS, QUE INTENTAN ESCAPAR VOLANDO. EL OTRO SALTA DESDE UNA ROCA Y ATRAPA A UN PÁJARO EN EL AIRE.

SE ACABAN LA COMIDA EN SEGUNDOS, INCLUSO LAS PLUMAS.

LA MANADA DE VELOCIRÁPTORES SALIÓ A CAZAR. LOS JÓVENES CASI HAN ALCANZADO LA EDAD ADULTA. HAN PERDIDO SUS MANCHAS JUVENILES Y YA TIENEN PLUMAS DE ADULTO.

LOS HERMANOS ENCUENTRAN A UN BACTROSAURIO VIEJO, PERO SE HAN SEPARADO DEL RESTO DE LA MANADA.

SKRIIIK SKRIIIK

LLAMAN AL RESTO DE LA MANADA.

NO RECONOCEN LA RESPUESTA QUE ESCUCHAN.

SKRAAK

SKRAA

SKRAA

DE PRONTO, APARECE UN GRUPO DE VELOCIRÁPTORES DESCONOCIDOS.

LOS HERMANOS DEFIENDEN SU POSICIÓN Y HACEN SEÑALES DE AMENAZA.

JISSSS

JISSSS

LOS DESCONOCIDOS EMPIEZAN A ACERCARSE. QUIEREN MATAR A LOS HERMANOS.

EL RESTO DE LA MANADA LLEGA JUSTO A TIEMPO.

LOS DESCONOCIDOS DESCUBREN LA NUEVA AMENAZA.

LAS DOS MANADAS SE ENFRENTAN HACIENDO SEÑALES DE AMENAZA.

LOS DESCONOCIDOS SON SUPERADOS EN NÚMERO...

...Y DECIDEN HUIR HACIA EL BOSQUE.

20

UNO DE LOS HERMANOS RECUERDA AL BACTROSAURIO Y LLAMA A LA MANADA.

SKREK SKREK

LA MANADA SIGUE A LOS HERMANOS HASTA LA CIMA DE UNA COLINA.

DESDE LO ALTO PUEDEN VER AL VIEJO BACTROSAURIO CAMINANDO POR LA LLANURA.

LA MANADA BAJA VELOZMENTE LA PENDIENTE PARA ATRAPAR AL VIEJO BACTROSAURIO.

SALTAN SOBRE SU LOMO Y SU CUELLO, AFERRÁNDOSE CON LAS AFILADAS GARRAS DE SUS MANOS Y CON LA GARRA **RETRÁCTIL** DE SUS PATAS TRASERAS. LUEGO LO MUERDEN CON SUS AFILADÍSIMOS DIENTES.

DRAARG

EL BACTROSAURIO ESTÁ DEMASIADO VIEJO Y DÉBIL PARA OFRECER RESISTENCIA. MUERE EN POCO TIEMPO DEBIDO A LA PÉRDIDA DE SANGRE.

LA MANADA COME RÁPIDO. HAY MUCHOS PREDADORES MÁS GRANDES QUE FÁCILMENTE PODRÍAN ROBARLES SU COMIDA.

UN OVIRAPTOR LOS MIRA. SE MANTIENE A UNA DISTANCIA SEGURA. EL OVIRAPTOR NUNCA PODRÍA VENCER A UNA MANADA DE VELOCIRAPTORES.

LOS VELOCIRÁPTORES SE VAN. UN TIRANOSAURIO BATAAR HUELE EL CADÁVER Y LLEGA A COMERSE LAS SOBRAS.

23

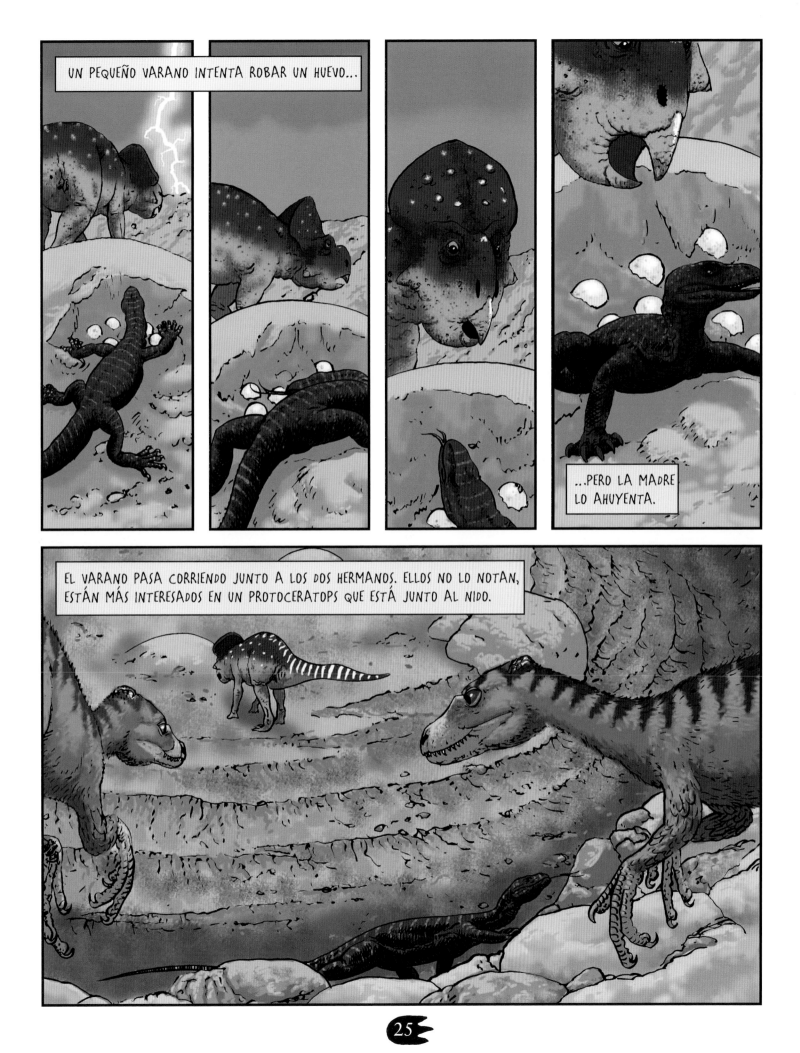

UN PEQUEÑO VARANO INTENTA ROBAR UN HUEVO...

...PERO LA MADRE LO AHUYENTA.

EL VARANO PASA CORRIENDO JUNTO A LOS DOS HERMANOS. ELLOS NO LO NOTAN, ESTÁN MÁS INTERESADOS EN UN PROTOCERATOPS QUE ESTÁ JUNTO AL NIDO.

25

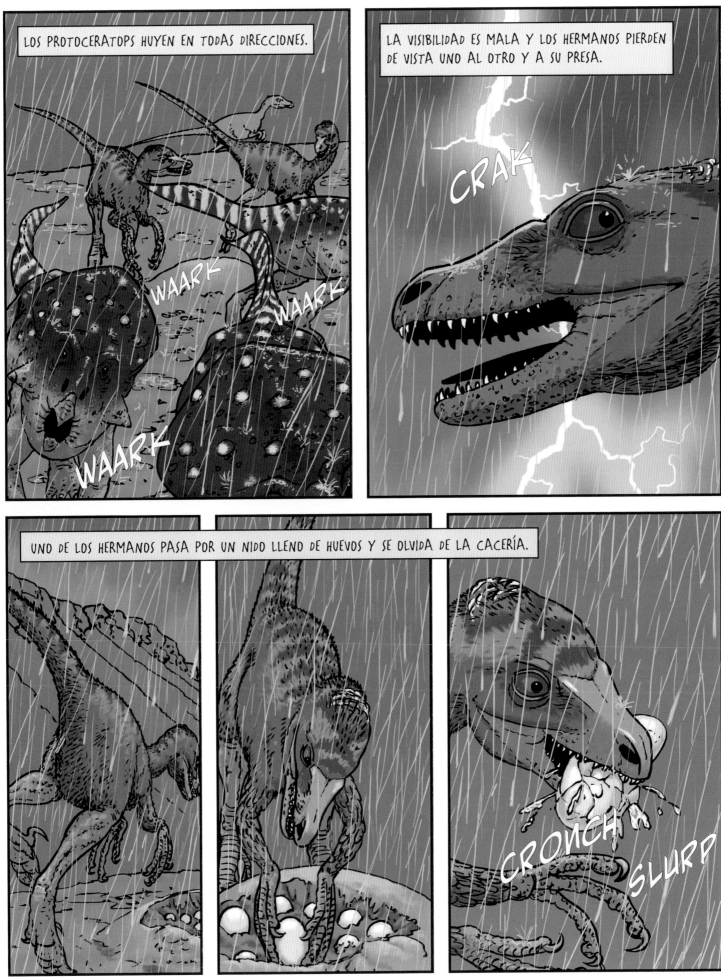

EL HERMANO QUE HA SOBREVIVIDO Y EL RESTO DE LA MANADA MATARON A UN PROTOCERATOPS Y SE LO ESTÁN COMIENDO BAJO LA LLUVIA.

EL HERMANO QUE HA SOBREVIVIDO LEVANTA LA VISTA. SE DA CUENTA DE QUE SU HERMANO NO ESTÁ, PERO EL HAMBRE LO HACE SEGUIR COMIENDO.

LA MANADA SE ALEJA PARA DIGERIR SU COMIDA EN UN LUGAR SEGURO. SE DETIENEN JUNTO AL ARROYO, AHORA CONVERTIDO EN UN TORRENTE FURIOSO. EL HERMANO QUE HA SOBREVIVIDO OBSERVA A LO LEJOS A UNA MANADA DE PRENOCÉFALOS ALIMENTÁNDOSE DE ARBUSTOS. POR EL MOMENTO NO TIENE HAMBRE. HA DEJADO DE LLOVER Y EL SOL LE CALIENTA EL LOMO. POR FIN PUEDE DESCANSAR UN POCO.

LOS RESTOS FÓSILES

TENEMOS UNA IDEA BASTANTE CLARA DE CÓMO ERAN LOS DINOSAURIOS POR EL ESTUDIO DE SUS RESTOS FÓSILES. LOS FÓSILES SE FORMAN CUANDO LAS PARTES DURAS DE UN ANIMAL O PLANTA QUEDAN ENTERRADAS Y SE CONVIERTEN EN ROCA A LO LARGO DE MILLONES DE AÑOS.

Uno de los fósiles de dinosaurio más sorprendentes que se han encontrado jamás fue desenterrado en Mongolia en 1971. Muestra una pelea entre un protoceratops y un velociraptor. El protoceratops muerde el brazo del velociraptor mientras éste ataca su cuello con la garra de su pata izquierda.

Los científicos creen que los dinosaurios murieron instantáneamente para poder quedar atrapados en esa posición. Una razón probable es el derrumbe de una duna de arena. Una gran cantidad de arena mojada pudo haber caído sobre los dos dinosaurios, fijándose como concreto y preservando su pose, como se puede apreciar hoy en día (abajo).

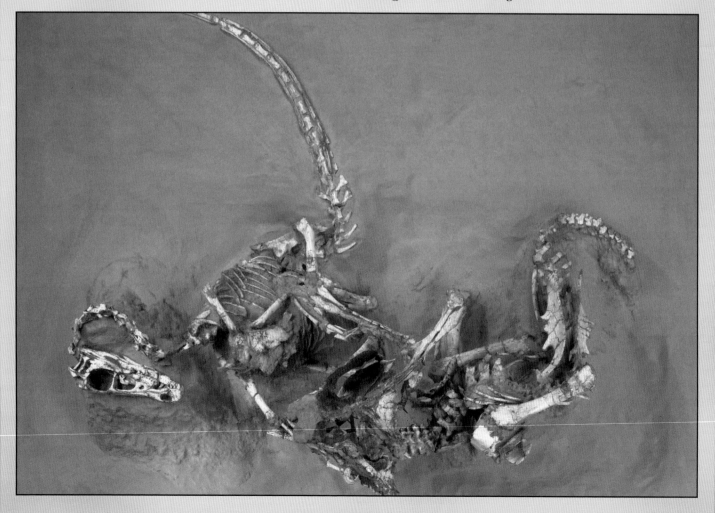

GALERÍA DE DINOSAURIOS

TODOS ESTOS DINOSAURIOS APARECEN EN LA HISTORIA

Mononico
"Garra única"
Longitud: 1 m
Pequeño dinosaurio con aspecto
de ave con una sola garra en
cada uno de sus brazos
cortos y gruesos.

Protoceratops
"Primera cara con cuernos"
Longitud: 2 m
Herbívoro de tamaño mediano
con un gran collar acorazado
alrededor del cuello.

Oviraptor
"Ladrón de huevos"
Longitud: 1,8 m
Dinosaurio con aspecto de ave
con boca en forma de pico
parecido al del perico.

Prenocéfalo
"Cabeza inclinada"
Longitud: 2,5 m
Pequeño herbívoro con cabeza
en forma de cúpula.

Gallimimo
"Imitador de gallina"
Longitud: 6 m
Dinosaurio de gran tamaño
con aspecto de avestruz con
boca en forma de pico.

Bactrosaurio
"Lagarto de Bactria"
Longitud: 6 m
Herbívoro del tipo de los
dinosaurios pico de pato
o hadrosaurios.

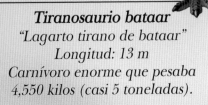

Tiranosaurio bataar
"Lagarto tirano de bataar"
Longitud: 13 m
Carnívoro enorme que pesaba
4,550 kilos (casi 5 toneladas).

Alioramo
"Rama diferente"
Longitud: 6 m
Tiranosaurio más bien pequeño
que pesaba 910 kilos
(casi 1 tonelada).

Therizinosaurio
"Lagarto guadaña"
Longitud: 12 m
Herbívoro gigante con largas
garras en los dedos.

GLOSARIO

Ancestro   Tipo de animal más antiguo del que evolucionó otro animal posterior.

Cría   Animal joven recién salido del huevo o que aún se está criando.

Fósiles   Restos de seres vivos que se convirtieron en piedra.

Periodo cretácico   Periodo de tiempo que va desde hace 146 millones hasta hace 65 millones de años.

Perros salvajes africanos   Perros salvajes que viven en manada en las praderas de África. Su presa principal es el impala, un tipo de antílope.

Presa   Animal que es cazado por otro animal para comer.

Retráctil   Algo que puede sacarse y volverse a esconder.

Serrado   Que tiene un borde dentado, como un serrucho

ÍNDICE